BEI GRIN MACHT SICH IHR WISSEN BEZAHLT

- Wir veröffentlichen Ihre Hausarbeit,
  Bachelor- und Masterarbeit

- Ihr eigenes eBook und Buch -
  weltweit in allen wichtigen Shops

- Verdienen Sie an jedem Verkauf

Jetzt bei www.GRIN.com hochladen und kostenlos publizieren

Carsten Freitag

Zu: Fritz W. Scharpf - Regieren in Europa

GRIN Verlag

Bibliografische Information der Deutschen Nationalbibliothek:

Die Deutsche Bibliothek verzeichnet diese Publikation in der Deutschen National-
bibliografie; detaillierte bibliografische Daten sind im Internet über http://dnb.d-
nb.de/ abrufbar.

Impressum:

Copyright © 2002 GRIN Verlag GmbH
Druck und Bindung: Books on Demand GmbH, Norderstedt Germany
ISBN: 978-3-640-88557-2

Dieses Buch bei GRIN:

http://www.grin.com/de/e-book/44198/zu-fritz-w-scharpf-regieren-in-europa

GRIN - Your knowledge has value

Der GRIN Verlag publiziert seit 1998 wissenschaftliche Arbeiten von Studenten, Hochschullehrern und anderen Akademikern als eBook und gedrucktes Buch. Die Verlagswebsite www.grin.com ist die ideale Plattform zur Veröffentlichung von Hausarbeiten, Abschlussarbeiten, wissenschaftlichen Aufsätzen, Dissertationen und Fachbüchern.

Besuchen Sie uns im Internet:

http://www.grin.com/

http://www.facebook.com/grincom

http://www.twitter.com/grin_com

Carsten Freitag
Politikwissenschaften
Jahrgang 2000

Fritz W. Scharpf:

Regieren in Europa

Literaturbericht

Grundlagen der europäischen Integration

1. Einleitung

Dieser Literaturbericht beschäftigt sich mit dem Buch „Regieren in Europa: effektiv und demokratisch?" von Fritz W. Scharpf. Die hier verwendete Ausgabe ist 1999 beim Campus Verlag in Frankfurt am Main und New York erschienen. Prof. Dr. Fritz W. Scharpf, seit 1986 Direktor am Max-Planck-Institut für Gesellschaftsforschung in Köln ist im Februar 2003 emeritiert. Sein Schwerpunkt lag lange Zeit bei der Erforschung legitimer Politik innerhalb komplexer Systeme, insbesondere unter Berücksichtigung der europäischen Ebene.[1] Das vorliegende Buch ist diesem Themenkreis zuzuordnen. Gegenstand der Analyse ist der europäische Integrationsprozess und dessen Folgen für die Nationalstaaten und die europäische Ebene. Als spezifisches Problem wählt Scharpf die wirtschaftliche Verflechtung unter den Bedingungen der Globalisierung. Diesen Ausschnitt betrachtet er unter zwei wesentlichen Fragestellungen. Zum einen fragt er nach der Legitimität der Politik die in diesem komplexen System stattfindet und zum anderen nach der Effektivität.

Die europäische Integration schränkt die Handlungsmöglichkeiten der Nationalstaaten ein. Gleichzeitig führt aber die voranschreitende Globalisierung zu einem Wettbewerb unter den Nationalstaaten. Aus diesem Spannungsfeld ergeben sich Problemlösungsdefizite, die die demokratische Legitimität des komplexen europäischen Systems in Frage stellen. Fritz W. Scharpf sucht die Gründe für diese Probleme und versucht Lösungsansätze sowohl auf nationaler wie auch auf europäischer Ebene zu finden.

Dazu unterteilt er seine Analyse in fünf Kapitel. Der Literaturbericht folgt dieser Einteilung.

2. Inhalt

2.1 Legitimation

Im ersten Kapitel behandelt und erläutert der Autor sein Konzept von demokratischer Legitimation. Er unterscheidet hier Input-orientierte Legitimation als

---

[1] Vgl. Website Max-Planck-Institut für Gesellschaftsforschung, www.mpifg.de/newshome_emerit_fws_de.html

Herrschaft durch das Volk und Output-orientierte Legitimation als Herrschaft für das Volk.[2]

Input-orientierte Legitimation stützt sich auf Partizipation und Konsens. Hier ist jedoch das „(...) Vertrauen auf den guten Willen meiner Mitbürger (...)."[3] eine wesentliche Vorraussetzung. Es ist also eine starke kollektive Identität notwendig, damit Input-orientierte Legitimität, wie z.B. in Nationalstaaten, wirksam werden kann.[4]

Eben diese Vorraussetzung erfüllt die europäische Ebene jedoch nicht. Somit kann nach Scharpf die Europäische Union nur Output-orientiert legitimiert werden. Legitim ist danach etwas, dass effektive Lösungen für kollektive Probleme ermöglicht. Dabei gibt es unterschiedliche Quellen, die Legitimität vermitteln können, wie Wahlen, Rechtsanwendung durch Richter, korporatistische Vereinbarungen und Politiknetzwerke.[5] Diese Strukturen funktionieren auf nationalstaatlicher Ebene. Auf europäischer Ebene gibt es Grenzen, da hier die „Expertokratie"[6] und die intergouvernementalen Verhandlungen dominieren. Aufgrund der geringeren Akzeptanz können europaweit nur bestimmte Materien geregelt werden. Probleme entstehen, wenn der nationalen Ebene nun Politikfelder entzogen werden, die nur dort legitim geregelt werden können.[7]

Die fortschreitende Globalisierung verstärkt diese Problematik wesentlich. Konnten die Nationalstaaten vor und nach dem Zweiten Weltkrieg ihre Wirtschaft noch schützen, so entzieht sich die Wirtschaft mit Beginn der 70er Jahre zunehmend den nationalen Grenzen. Für interventionistische Politik zugunsten der Sozialstaaten muss ein hoher wirtschaftlicher Preis bezahlt werden. Die Staaten geraten untereinander in einen „Wettbewerb der Regulierungssysteme"[8], indem jeder versucht den anderen durch größere Konzessionen gegenüber Kapital- und Unternehmensinteressen auszustechen.[9]

2.2 Integrationsprozesse

Dieser Wettbewerb nach unten ist nach Scharpf durch negative europäische Integration ausgelöst worden. Negative Integration bedeutet im wesentlichen eine

---

[2] Vgl. Fritz W. Scharpf: Regieren in Europa: effektiv und demokratisch?, Frankfurt am Main und New York 1999, S. 16
[3] Ebd., S. 18
[4] Vgl. ebd., S. 17 ff.
[5] Vgl. ebd., S. 20 ff.
[6] Ebd., S. 29
[7] Vgl. ebd., S. 29 ff.
[8] Ebd., S. 45

5

Rechtsfortschreibung auf europäischer Ebene basierend auf dem Primärrecht, die von Kommission und vom Europäischen Gerichtshof vorangetrieben wird. Diese negative Integration konzentriert sich hauptsächlich auf die Liberalisierung der Märkte innerhalb der Union und wird durch Vorrang- und Direktwirkung wirksam.[10] Demgegenüber steht die positive Integration, die von den Mitgliedsstaaten im Ministerrat betrieben wird. Diese hat jedoch einen entscheidenden Nachteil. Während die negative Integration auf kaltem Wege ohne direkten Einfluss der politisch legitimierten Akteure ausgebaut wird, so muss die positive Integration auf dem heißen Weg in den Institutionen wie dem Ministerrat und dem Europäischen Parlament ausgefochten werden. Da hier jeder Staat auch eigene Interessen vertritt, ist die Problemlösungsfähigkeit begrenzt.[11]

Scharpf sieht in dieser Konstellation wesentliche Probleme. Die negative Integration lässt die Probleme der Sozialstaaten außer Acht, indem hier strikt liberalisiert wird. Von Staat zu Staat unterschiedlich, gibt es in jedem Land Sektoren, in denen der Staat interveniert und die er vom Wettbewerb fernhält, um die sozialen Errungenschaften zu bewahren. Die negative Integration bedeutet einen Angriff auf die gemischten Wirtschaftsordnungen der europäischen Sozialstaaten.[12]

Die positive Integration ist jedoch nicht in der Lage diesen Verlust an Steuerungsmöglichkeit zu kompensieren. Dies liegt an vielen Gründen, wie unterschiedliche Strukturen, Interessen und Ideologien. Wesentlich ist der hohe Bedarf an Konsens unter den Staaten, der wirkungsvolle Lösungen erschwert. Gleichzeitig wird die Möglichkeit nationaler Lösungen durch die negative Integration weiter beschnitten. Damit sinkt nach Scharpf die Problemlösungsfähigkeit der europäischen Mehrebenenpolitik insgesamt und infolgedessen auch die output-orientierte Legitimation.[13]

2.3 Problemlösung in Europa

Im dritten Kapitel untersucht der Autor die Fähigkeit des Mehrebenensystems zur Lösung der anstehenden Probleme. Dazu geht er auf einzelne Politikfelder ein, die nacheinander unter zwei Gesichtspunkten betrachtet werden. Zunächst werden die Einschränkungen der nationalen Handlungsebene durch Integration und

---

[9] Vgl. ebd., S. 43 ff.
[10] Vgl. ebd., S. 52 ff.
[11] Vgl. ebd., S. 70 ff.
[12] Vgl. ebd., S. 60 ff.
[13] Vgl. ebd., S. 79

6

Globalisierung untersucht. Danach werden die Möglichkeiten der europäischen Ebene zur Lösung dieser Problemfelder analysiert. Scharpf geht dabei auf Studien und Theorien aus dem institutionalistischen wie auch dem intergouvernementalen Lager ein. Einbezogen werden Politikfelder wie Regulativer Wettbewerb, Produktionsbezogene Regelungen, Produktions- und standortbezogene Regelungen, Marktschaffende Vorschriften, Produktstandards, Sozialstaatliche Regelungen und Besteuerung.[14]

Scharpfs Untersuchung ergibt ein komplexes Bild von Fähigkeiten zur Problemlösung auf den verschiedenen Ebenen. Logischerweise sind die verschiedenen herangezogenen Studien zu unterschiedlichen Politikfeldern schon aufgrund ihrer jeweiligen Grundhaltung, teils optimistisch teils pessimistisch. Die Ergebnisse der einzelnen Betrachtungen fasst der Autor sehr anschaulich in einem Diagramm zusammen.[15]

Demnach gibt es Felder, die optimistisch betrachtet eine hohe europäische und nationale Problemlösungsfähigkeit aufweisen, wie z.B. Produktregulierungen im Arbeits- und Umweltschutz sowie Banken und Versicherungen. Demgegenüber gibt den pessimistischen Sektor, dessen Probleme, den Studien zufolge, weder auf nationaler noch auf europäischer Ebene lösbar sind. Hierzu gehören schwerwiegende Bereiche wie u.a. Sozialpolitik, Beschäftigungspolitik und Steuerpolitik. Daneben gibt es die Bereiche, in denen die Integration erfolgreich war, wie z.B. Außenhandelspolitik, Agrarpolitik und Wettbewerbspolitik. Unter nationaler Kontrolle verblieben sind bisher die Innere Sicherheit und die Bildungspolitik.[16]

2.4 Möglichkeiten des Nationalstaats

Die teilweise geringe Leistungsfähigkeit des Mehrebenensystems trägt zur Massenarbeitslosigkeit und versagenden Sozialsystemen bei und bedroht so Kernteile der Sozialstaaten und damit auch die output-orientierte Legitimation der Nationalstaaten und der EU. Da es auf die Lösung dieser Probleme ankommt, sucht Scharpf nach Konzepten zuerst auf nationaler Ebene.[17]

---

[14] Vgl. ebd., S. 81 ff.
[15] Vgl. ebd., S. 107 ff.
[16] Vgl. ebd., S. 108 ff.
[17] Vgl. ebd., S. 111 ff.

Dazu vergleicht er stark unterschiedliche Wirtschafts- und Sozialsysteme, wie das amerikanische, das skandinavische und das kontinentaleuropäische System, hauptsächlich mit dem Indikator der Beschäftigungsquoten.[18]

Scharpf findet heraus, dass es interessanterweise nicht die voll im internationalen Wettbewerb stehenden Wirtschaftssektoren sind, bei denen Kontinentaleuropa wesentliche Defizite einfährt, sondern die staatlich geschützten Bereiche. Er bezieht sich auf binnenabsatz-orientierte Dienstleistungen, die lokal erbracht werden, bei denen internationale Konkurrenz keine Rolle spielt, wie z.B. öffentliche und soziale Dienstleistungen.[19]

Die Vereinigten Staaten besitzen einen schwachen Sozialstaat. Demzufolge entstehen Arbeitsplätze für lokale Dienstleistungen im privaten Sektor. In Schwedens starkem Sozialstaat dagegen schafft der Staat die notwendigen Arbeitsplätze. Deutschland mit seiner Mittelstellung liefert hingegen kein gutes Ergebnis ab.[20]

Dem Autor zufolge ist dafür die Struktur der nationalen Sozialsysteme und der kollektiven Arbeitsbeziehungen, d.h. den Beziehungen zwischen Arbeitgebern und Arbeitnehmern verantwortlich. Das amerikanische Modell hat Probleme mit voranschreitender Armut der ,working poor'. Das skandinavische Modell hängt sehr stark von hohen Steuereinnahmen ab. Die Kontinentaleuropäischen Staaten jedoch haben mit ihrer „Arbeitslosigkeitsfalle"[21] ein besonderes Problem.

Bei den binnenabsatz-orientierten Dienstleistungen wird weder im privaten noch im öffentlichen Bereich eine hohe Beschäftigungsquote erreicht. Das Sozialsystem von Bismarckscher Prägung besteht aus Transferleistungen, daher haben sich keine umfassenden sozialen Dienste etabliert. Es gibt also von öffentlicher Seite wenig Arbeitsplätze. Da Gesundheitsversorgung und Bildung weitgehend gebührenfrei sind, werden private Angebote und somit Arbeitsplätze unterdrückt. Die soziale Sicherung verhindert die Entstehung einer ,working poor' Klasse ebenso, wie Beschäftigungschancen gering qualifizierter Menschen. Die lohngebundenen Sozialversicherungssysteme machen das System anfälliger für Krisen, da ein Anstieg der Arbeitslosigkeit gleichzeitig Ausgaben erhöht und Einnahmen verringert. Scharpf stellt sich jedoch gegen die landläufige These, dass hohe Lohnnebenkosten der Hauptgrund für die hohe Arbeitslosigkeit seien. Vielmehr

---

[18] Vgl. ebd., S. 114 ff.
[19] Vgl. ebd., S. 119
[20] Vgl. ebd., S. 123
[21] Ebd., S. 126

werden seiner Meinung nach durch die Erhebung der Beiträge auch auf Arbeitsplätze am unteren Rand der Lohnskala, eine große Zahl von Arbeitsplätzen unrentabel.[22]

Trotz der schwierigen Situation sieht der Autor Auswege aus der Arbeitslosigkeitsfalle. Eine weitreichende Lösung wäre die Einführung einer negativen Einkommenssteuer, um die Einkommen von Niedriglohnempfängern aufzubessern. Auch eine Aufstockung der Niedriglöhne bei Beibehaltung des status quo hält er für möglich, jedoch wäre dies für die Gewerkschaften kaum akzeptabel. Bessere Chancen räumt Scharpf einer Streichung der Beiträge für Niedriglöhne ein, bei gleichzeitiger Gegenfinanzierung durch Steuereinnahmen.[23]

Um dem Schwinden der Steuereinnahmen entgegenzuwirken, hält der Autor eine stärkere Betonung des Versicherungskonzeptes, z.B. in Form einer Individualversicherung nach schweizerischem Vorbild für möglich. Differenzierte Verbrauchssteuern können ebenfalls helfen, sowie eine Finanzierung öffentlicher Leistungen, wie z.B. Bildung, durch Benutzergebühren und Selbstbeteiligungsquoten.[24]

Insgesamt hält Scharpf solche Lösungen zwar nicht für einfach umsetzbar, es gebe jedoch keinen Grund, sich in das Schicksal der Demontage des Sozialstaates zu ergeben.

2.5 Europäische Lösungen und europäische Legitimität

Wie kann nun die europäische Ebene zur Lösung dieser Probleme beitragen? Dieser Frage widmet sich der Autor im letzten Kapitel seines Buches. Von der Verankerung einer koordinierten Beschäftigungsstrategie im EG-Vertrag erhofft er sich zumindest eine Chance auf Diskussion, die dann über neo-liberale Standardkonzepte hinausgehen könnte.[25]

Positiv bewertet Scharpf die beginnende Einschränkung der negativen Integration im Amsterdamer Vertrag, um notwendige nationale Lösungen zu schützen.[26]

Neben dieser Einschränkung durch Mittel der positiven Integration, erkennt er außerdem eine Tendenz zur freiwilligen Selbstbeschränkung bei den Protagonisten der negativen Integration selbst. Gerichtshof und Kommission haben, einigen

---

[22] Vgl. ebd., S. 126 ff.
[23] Vgl. ebd., S. 130 ff.
[24] Vgl. ebd., S. 134 ff.
[25] Vgl. ebd., S. 143
[26] Vgl. ebd., S. 144

9

Entscheidungen zufolge, eine höhere Sensibilität für die Folgen ihres Handelns entwickelt. Deswegen kommt Scharpf zu dem optimistischen „(...) Schluss, daß die Gefahren der direkten (rechtlichen) Auswirkungen der negativen Integration auf die nationale Problemlösungskapazität jetzt besser verstanden werden (...)."[27]

Da Scharpf von begrenzten Möglichkeiten positiver Integration ausgeht, interessieren ihn im folgenden nur Lösungsansätze, die geringe Spannungen im Ministerrat und unter den Nationalstaaten auslösen. Dabei rücken Modelle der abgestuften Integration ins Zentrum seiner Überlegungen.[28]

Die Möglichkeit der verstärkten Zusammenarbeit hält er für nicht sehr aussichtsreich, da sie einerseits mit stark einengenden Vorraussetzungen verbunden ist und andererseits die bereits erwähnten grundlegend unterschiedlichen Ideologien und Interessen eine Einigung blockieren. Aus diesem Grund konzentriert sich Scharpf bei seiner Suche nach Lösungen auf Konzepte, die mit dem institutionellen status quo erreichbar sind.[29]

Die erste Möglichkeit sieht Regelungen auf unterschiedlichem Niveau vor, z.B. bei Umweltschutzstandards. Eine allgemeine Anerkennung des unterschiedlichen Entwicklungsstandes vorrausgesetzt, könnten zwei Standards mit unterschiedlichem Kosten- und Schutzniveau entstehen, die so einen ruinösen Wettbewerb verhindern sollen.[30]

Einen weiteren Ansatz sieht Scharpf bei den Sozialausgaben. Er stützt dies mit der Beobachtung, dass bezogen auf das jeweilige Bruttoinlandsprodukt die europäischen Staaten einen ähnlich großen Teil ihres Budgets für ihren Sozialstaat ausgeben. Reichere Staaten geben entsprechend mehr aus, ärmere weniger. Scharpf vermutet hier einen latenten Konsens, den man in eine quantitative Vereinbarung verwandeln könnte, die Sozialausgaben nicht unter den bestimmten Schwellenwert sinken zu lassen. Damit würde dann die Gefahr des „kompetetiven Sozialabbaus"[31], die sich so verheerend auswirkt, beseitigt.[32]

Ein Mindestniveau kann jedoch nur ein erster Schritt sein. Strukturell neue Sozialsysteme sind unverzichtbar und können nur auf nationaler Ebene umgesetzt werden. Hier betont Scharpf erneut die Notwendigkeit europäischer Koordination. Er

---

[27] Ebd., S. 150
[28] Vgl. ebd., S. 150 ff.
[29] Vgl. ebd., S. 151 ff.
[30] Vgl. ebd., S. 153 ff.
[31] Ebd., S. 160
[32] Vgl. ebd., S. 156 ff.

schlägt ein zweistufiges Verfahren vor. In der ersten Phase muss prinzipielle Einigung über die zukünftigen Strukturen erzielt werden. Eine derartige Diskussion hat bereits unter abstrakten Bedingungen begonnen. Ohne wesentliche Konflikte zielt sie auf eine Kombination von Modellen.[33] Scharpf ist sich der großen Schwierigkeiten bei der Umsetzung in einem zweiten Schritt bewusst, verweist jedoch auf bestehende Gemeinsamkeiten der Systeme. Gemeinsame Probleme und eine europäische Koordination könnten zu einer größeren Übereinstimmung der Systeme führen.[34]

Ebenso wichtig ist eine Reform des Gewerkschaftswesens. Ein übergreifendes europäisches Gewerkschaftswesen hält Scharpf zwar für nicht realisierbar, dennoch spricht er sich für eine Anpassung unter europäischer Absprache aus.[35]

Wie steht es nun um die Legitimität des europäischen Mehrebenensystems? Zusammenfassend kann Europa auf nicht absehbare Zeit kaum input-orientiert legitimiert werden. Auf der Output-Seite ist die europäische Ebene zu höchst unterschiedlichen Leistungen fähig, sie bedroht jedoch zugleich die Legitimation der Nationalstaaten. Insgesamt ist die europäische Legitimation daher schwach und darf dementsprechend nicht stärker belastet werden.[36]

3. Bewertung

Mit „Regieren in Europa" hat Fritz W. Scharpf nicht nur eine Analyse der demokratischen Legitimation des europäischen Mehrebenensystems vorgelegt. Vielmehr hat er durch die Verknüpfung von output-orientierter Legitimität und aktueller Problemlösungsfähigkeit gleich zwei komplexe Themen europäischer Politik bearbeitet, nimmt man seine Analyse der nationalen Probleme dazu, sogar drei.

Trotzdem ist seine Argumentation schlüssig und nachvollziehbar. Er beginnt mit seiner klaren Definition demokratischer Legitimation, um sich danach einem der wichtigsten realen Probleme Europas zuzuwenden, der Beschäftigungskrise. Am

---

[33] Vgl. ebd., S. 161-162
[34] Vgl. ebd., S. 161 ff.
[35] Vgl. ebd., S. 163 ff.
[36] Vgl. ebd., S. 167 ff.

Schluss nimmt er den Faden vom Anfang wieder auf, um zu erläutern welche Rolle seine Erkenntnisse über das europäische System für dessen Legitimation spielen.

Dabei bedient sich Scharpf einer prägnanten Sprache und einem verständlichen Satzbau. Die klare Gliederung der Kapitel, sowie die Einteilung in relativ kurze Unterabschnitte erweist sich bei Lektüre und Bearbeitung des Buches als hilfreich. Besonders positiv zu erwähnen sind hier die Diagramme anhand derer Scharpf die Beschäftigungssituation und die Sozialausgaben erläutert, diese tragen wesentlich zum Verständnis der Problematik bei. Kritisch anzumerken ist, dass der Autor an manchen Stellen wichtige Begriffe oder Referenzen, wie z.b. „Dekommodifizierung" (S. 95) oder Artikel 90 II EGV (S. 64), nicht oder nicht hinreichend erklärt.

Positiv zu bewerten ist hingegen Scharpfs klarer Blick auf die europäischen Realitäten. Seine Arbeit bleibt nicht nur theoretisch, sondern steigt bisweilen tief in das komplizierte europäische Geflecht ein, um es zu entzerren und verständlich darzustellen.

Insbesondere seine Argumentation, dass das Problem der europäischen Sozialstaaten nicht bei den Wettbewerbssektoren, sondern in den geschützten Bereichen liegt, verdient Erwähnung. Interessant ist ebenso seine Schlussfolgerung, dass die von neo-liberaler Seite oft geforderte radikale Senkung der Lohnnebenkosten keine Lösung darstellt, sondern den Wettlauf nach unten nur beschleunigt.

Scharpfs Analyse und Vergleich der europäischen Sozialsysteme ist ein Blick über den nationalen Tellerrand und ein Beitrag zu einer notwendigen europaweiten Diskussion über die Zukunft des Sozialstaates.

Insgesamt positiv zu bewerten ist es, dass Scharpf es nicht bei Bestandsaufnahme und Kritik belässt, sondern sich konkret mit Lösungsvorschlägen auf Grundlage eines realistischen status quo befasst, wenn auch nicht alle Vorschläge bis ins Detail gehen. Beim Vorschlag eines zweistufigen Europas, den er auf Seite 155 vorstellt, wird nicht vollständig klar, wie unterschiedliche Schutz- und Kostenstandards eine Abwanderung von Unternehmen und in der Folge einen Regulierungswettlauf nach unten verhindern sollen.

Dennoch zeigt Scharpf, dass es Auswege gibt. Der Nationalstaat, auf dessen Ebene die meisten Reformen stattfinden müssen, sowie die Europäische Union sind nicht am Ende. Für die Beschäftigungskrise gibt es Lösungen, die für die demokratische Legitimität des europäischen Mehrebenensystems ausreichen.

4. Literaturverzeichnis

Scharpf, Fritz W.: Regieren in Europa: effektiv und demokratisch?, Frankfurt am Main und New York 1999

Website Max-Planck-Institut für Gesellschaftsforschung, www.mpifg.de/newshome_emerit_fws_de.html